101 Questions pièges de l'entretien d'embauche

... et les réponses pour décrocher le job

Daniel Porot

101 Questions pièges de l'entretien d'embauche

... et les réponses pour décrocher le job

Avec la collaboration
de Dominique Pialot

Avertissement

Avis aux Dames et Demoiselles,

Le masculin a été choisi pour tous les acteurs de cet ouvrage. C'est pourquoi vous y trouverez : il, le, celui-là, le candidat, le recruteur, l'ami, l'époux, le secrétaire, l'assistant…

L'autre formule : elle/il ou il/elle, celle-ci/celui-ci ou celui-ci/celui-là, la/le ou le/la, candidat(e), ami(e), assistant(e)… aurait rendu la lecture lourde et plus pénible.

Nous avons donc opté pour une formule légère et plus souple. Merci de votre compréhension.

Remerciements

Ce livre n'aurait pas pu être écrit sans la contribution :

✎ de milliers de personnes en mutation professionnelle (demandeurs d'emploi, candidats sur le départ, personnes en poste...) qui ont participé activement à nos cours, stages et autres séminaires ;

✎ de centaines de CP (Conseillers en Personnel), consultants des secteurs public et privé et autres bénévoles prescripteurs de nos interventions ;

✎ des responsables d'organismes publics et d'entreprises privées qui nous soutiennent et nous font confiance ;

✎ des animateurs et intervenants de notre groupe ;

et enfin de l'équipe administrative de notre groupe (Silvana, Shqipe, Fati, Eugénie, Dominique, Angelo et Adel).

Sommaire

Introduction 13

Les préoccupations du recruteur 15

Les stratégies du candidat 33

Instructions 41

Introduction

Nous pouvons aimer ou craindre la surprise. Elle nous réjouit lorsqu'elle nous apporte une satisfaction ; nous la redoutons lorsqu'elle nous prend au dépourvu et exige que nous réagissions rapidement.

En matière de communication verbale, une personne surprise par une question peut rester muette, bafouiller ou, plus grave encore, répondre « à côté de la plaque ».

Nous avons tous vécu au moins une expérience au cours de laquelle, surpris, nous avons eu « l'esprit d'escalier », c'est-à-dire que nous avons découvert la bonne réponse un peu tard, une fois dans l'escalier !

« L'effet de surprise » est couramment employé par les recruteurs pour tester les réflexes des candidats à l'embauche ; parfois, il s'agit d'une volonté délibérée de les mettre en difficulté ; mais, plus souvent, c'est une méthode pour les faire « se découvrir » d'une façon plus ou moins spontanée.

Ce livre vous aidera à apprivoiser le facteur « surprise » lors de l'entretien d'embauche. Il vous familiarisera avec les questions embarrassantes ; par une palette de réponses visant à communiquer exactement l'information que vous souhaitez transmettre, il vous aidera à élaborer une stratégie éclairée qui vous permettra d'améliorer votre prestation et d'accroître vos chances de décrocher l'emploi que vous convoitez.

Les préoccupations du recruteur

Lorsqu'il doit prendre une décision d'embauche, le recruteur se pose 4 questions fondamentales :

1. Pouvez-vous occuper ce poste ? Est-ce que votre expérience, votre formation, vos aptitudes et vos aspirations sont telles que vous y serez productif ?

2. Qui êtes-vous ? Comment fonctionnez-vous ? Quels sont vos traits de personnalité et vos caractéristiques clés ?

3. Allez-vous vous intégrer harmonieusement dans mon organisation/mon département ? Serez-vous la solution ou un problème supplémentaire ?

C'est seulement lorsque vous aurez répondu positivement sur ces trois points que le recruteur en viendra à la question ultime :

4. Combien allez-vous me coûter ?

Chacune des 101 questions délicates qui peuvent vous être posées au cours de l'entretien d'embauche ont trait à l'une des ces problématiques.

Avant de répondre à l'une d'elle, vous devez comprendre ce qu'elle cache, « lire le sous-titre ! ».

Passons en revue chacun des soucis du recruteur et les principales questions qui expriment ses préoccupations.

1. Souci n° 1 du recruteur : « Pouvez-vous occuper ce poste ? Est-ce que votre expérience, votre formation, vos aptitudes et vos aspirations sont telles que vous y serez productif ? ».

La plupart des questions posées lors d'entretiens d'embauche ont pour but de déterminer si vous réussirez dans le job pour lequel vous êtes interviewé. Si, dans vos réponses, vous ne parvenez pas à démontrer que vous en êtes capable, votre candidature ne sera pas prise en compte.
Voici quelques questions qui expriment les questionnements de votre recruteur quant à votre capacité à occuper la fonction :

Q 69. Qu'aimiez-vous le plus et le moins dans votre dernier job ?
Q 71. Que préférez-vous : les chiffres ou les lettres ?
Q 75. Quelles responsabilités financières avez-vous eues ? Quels budgets avez-vous gérés ?
Q 83. Êtes-vous bien sûr d'avoir le bon profil pour le poste ?

Q 103. Que trouvez-vous de particulièrement intéressant dans ce poste ?
Q 157. Quelles sont les évolutions majeures de notre secteur ?
Q 159. Pourquoi pensez-vous avoir le potentiel pour ce poste ?
Q 171. Comment définissez-vous le métier de… ?
Q 183. Comment vous perfectionnez-vous ?
Q 187. Que pouvez-vous nous offrir ?
Q 189. Qu'avez-vous réalisé à ce jour en rapport avec ce poste ?
Q 237. Avez-vous contacté d'autres entreprises ?

À ce type de questions, répondez par des informations concises et tangibles.

R Répondez par une affirmation positive.
R Répondez par des faits et des chiffres.
R Répondez par des illustrations concrètes de vos talents et de vos compétences.
R Répondez par des informations statistiques.
R Répondez en décrivant vos expériences passées et en expliquant en quoi elles peuvent vous rendre plus apte au poste.
R Répondez en donnant la liste de vos compétences majeures.
R Répondez en entrant dans le détail de certaines de vos réalisations.
R Répondez en décrivant des tâches qui vous ont été confiées et que vous avez menées à bien.
R Répondez en citant des connaissances et des savoirs que vous possédez.

2. Souci n° 2 du recruteur : « Qui êtes-vous ? Comment fonctionnez-vous ? Quels sont vos traits de personnalité et vos caractéristiques clés ? ».

Après avoir vérifié que vous pouvez occuper le poste, le recruteur tient à comprendre qui vous êtes. Aucun recruteur ne peut prendre le risque d'embaucher quelqu'un dont il ne cerne pas la personnalité. Il s'agit d'une information critique considérée comme capitale lors du recrutement.
Voici les questions qui expriment cette préoccupation :

Q 45. Parlez-moi de vous !
Q 79. Qu'avez-vous d'unique à nous offrir ?
Q 95. Comment occupez-vous votre temps libre ?
Q 97. Qu'est-ce qui vous met hors de vous ?
Q 119. Avez-vous des regrets ?
Q 133. Êtes-vous un meneur ?
Q 135. Quelles sont vos lectures préférées ?
Q 141. Êtes-vous créatif ?
Q 145. Comment fonctionnez-vous sous pression ?

Q 175. Quels sont vos points faibles et vos limites ?
Q 189. Qu'avez-vous réalisé à ce jour ?
Q 205. Quel a été votre échec le plus pénible ?
Q 209. Quelle a été votre pire journée et comment vous en êtes-vous sorti ?
Q 211. Vous donne-t-on un surnom ?
Q 217. Alors ?
Q 219. Êtes-vous honnête ?
Q 225. Quel est le type de décision que vous aimez le moins prendre ?
Q 235. Quels sont vos défauts et vos qualités (points forts/points faibles) ?

En réponse à ce type de questions, fournissez — sur vous — des informations positives et authentiques.

R Répondez par des exemples.
R Répondez en citant une liste de vos activités préférées.
R Répondez en vous focalisant sur des occupations extra professionnelles.
R Répondez en présentant des réalisations personnelles.
R Répondez en donnant des exemples de développement personnel.
R Répondez avec passion.
R Répondez en suggérant un échange d'idées sur un sujet de nature professionnelle.
R Répondez en donnant la priorité aux éléments positifs et en évoquant brièvement les éléments négatifs.

3. Souci n° 3 du recruteur : « Allez-vous vous intégrer harmonieusement dans mon organisation/ mon département ? Serez-vous la solution ou un problème supplémentaire ? ».

La plupart des employeurs ont fait au moins une fois une mauvaise expérience lors d'un recrutement et ils craignent toujours un nouvel échec lors de l'intégration d'un employé.
Votre recruteur doit s'assurer que les risques pris en vous embauchant sont extrêmement limités, voire inexistants.
Voici quelques-unes des questions qui lui permettent d'y parvenir.

Q 51. Comment vous comportez-vous lorsque vous réalisez avoir commis une erreur ?
Q 59. Combien de temps envisagez-vous de rester chez nous ?
Q 63. Que pensez-vous de votre dernier supérieur hiérarchique ?
Q 67. Comment vos subordonnés vous perçoivent-ils ?

Q 89. Avez-vous déjà travaillé avec des personnes difficiles ?

Q 111. Citez-moi 1 ou 2 points de désaccord avec votre dernier supérieur hiérarchique.

Q 133. Êtes-vous un meneur ?

Q 151. Quelle est la tâche la plus difficile d'un responsable ?

Q 163. Combien de temps vous faudra-t-il avant d'être opérationnel ?

Q 165. Quel est votre mode de fonctionnement ?

Q 195. Pourquoi avez-vous été licencié de votre job actuel/dernier job ?

Q 223. Qu'attendez-vous de nous ?

Q 227. Avec quel type de personnes ne vous entendez-vous pas ?

Q 239. Comment jugez-vous votre dernier employeur ?

Q 245. Quel genre de rapports entretenez-vous avec vos collègues ?

Pour répondre à ce type de questions et rassurer le recruteur, démontrez comment vous avez réagi dans certaines situations passées et prouvez que vous êtes un élément fédérateur.

R Répondez par des exemples.
R Répondez en indiquant le type de méthode que vous avez utilisé pour négocier dans le passé.
R Répondez en précisant les délais ou les objectifs que vous avez respectés.
R Répondez en citant les commentaires que d'autres ont émis à votre sujet.
R Répondez en utilisant uniquement des termes positifs pour décrire vos anciens collègues.
R Répondez en utilisant des termes et des propos clairs et précis.
R Répondez en suggérant des stratégies de résolution de problèmes.
R Répondez en décrivant vos principaux traits de personnalité.

4. Souci n° 4 du recruteur : « Combien allez-vous me coûter ? ».

Si le recruteur se préoccupe de votre coût, c'est bon signe ! En apportant des réponses positives à chacune de ses 3 premières préoccupations, vous êtes devenu un candidat intéressant.
Voici les questions particulièrement délicates qui peuvent vous être posées pour obtenir des informations sur vos prétentions salariales.

Q 47. Quel était votre dernier salaire ?
Q 53. Êtes-vous prêt à abaisser vos prétentions salariales ?
Q 77. Comment vous êtes-vous justifié économiquement dans votre dernier poste ?
Q 105. Que pensez-vous de la rémunération au mérite / variable ?
Q 137. Pourquoi ne gagnez-vous pas plus à votre âge ?
Q 179. À combien vous estimez-vous ?
Q 185. Si vous étiez à ma place, quel salaire proposeriez-vous ?

Q 191. Quelle est la fourchette de salaire que vous visez ?

Q 231. Accepteriez-vous, pendant une phase de formation de 6 à 10 mois, une réduction de salaire de 50 % ?

Les réponses à ce type de questions doivent vous permettre de repousser la négociation de salaire.

Une fois les choses clarifiées et bien établies, précisez à votre futur employeur quelle sera votre contribution sur le plan financier. Démontrez ce que votre travail va lui apporter en termes :

- d'augmentation de gain ;
- et/ou de diminution de coûts ;
- et/ou d'évitement d'erreurs.

Répondez en proposant de repousser la discussion « salaire » si vous considérez qu'elle vient trop tôt dans l'entretien ou argumentez astucieusement.

R Répondez en orientant la discussion vers d'autres sujets.
R Attendez toujours que le recruteur annonce un chiffre le premier
R Répondez en utilisant une fourchette (deux chiffres plutôt qu'un).
R Répondez en demandant à votre recruteur de préciser certains termes de manière à clarifier son message.

R Répondez en décrivant des réalisations précises dont vous avez été l'auteur et qui prouvent votre valeur et vos compétences.

R Répondez en soulignant l'importance des responsabilités du poste.

R Répondez en demandant s'il existe des courbes ou grilles de salaire au sein de l'entreprise et en les discutant.

Les stratégies du candidat

Un principe : chacune de vos réponses doit remplir un objectif stratégique.
Toute réaction à une question (y compris le silence) fournit des informations sur vous.
Plusieurs stratégies, attitudes ou réponses peuvent s'avérer efficaces et appropriées selon les moments et les situations.

On peut en distinguer 7 :

- Fournir de l'information.
- Reformuler la question pour en poser une autre.
- Répondre avec prudence ou éviter de répondre.
- Sécuriser.

- Faire un trait d'humour.
- Contrôler son langage non verbal.
- Se montrer détendu et serein.

Evaluez soigneusement celle qui vous semble la meilleure pour telle ou telle question puis, jetez-vous à l'eau.

1. Fournir de l'information.

Si la question est directe et appelle une réponse spécifique, restez calme et fournissez l'information demandée sous une forme concise.

Les recruteurs professionnels essaieront toujours de vous faire parler durant la plus grande partie de l'entretien. Sachant cela, anticipez vos réponses de manière à ne pas hésiter et à montrer que vous êtes préparé.

Par exemple, si l'on vous demande : « Que pouvez-vous nous offrir ? », vous pouvez répondre en citant les 3 tâches essentielles du poste pour lequel vous vous présentez.

2. Reformuler la question pour en poser une autre.
Certaines questions ne requièrent pas de réponse immédiate. Vous avez parfois besoin de temps pour réfléchir et trouver la réponse la plus appropriée. Par ailleurs, il arrive que le recruteur pose des questions volontairement vagues ; elles ont pour but de tester votre réaction.

Si c'est le cas, tâchez d'obtenir plus de détails sur la demande qui vous est faite avant d'y répondre. Vous pouvez dire par exemple : « Puis-je vous demander d'être plus spécifique ? » ou « Quel domaine spécifique de mes réalisations personnelles ou professionnelles souhaitez-vous aborder ? ».

Quand vous reformulez une question, clarifiez avec précision le type d'information complémentaire attendue.

3. Répondre avec prudence ou éviter de répondre.
À certaines questions, il est recommandé de ne pas répondre du tout. Si vous vous sentez obligé de répondre, soyez très prudent ; il s'agit notamment des sujets d'ordre professionnel.

Certaines questions délicates sont dangereuses si vous y répondez trop rapidement.
Lorsque vous devez les affronter, reportez votre réponse en faisant un trait d'humour, en restant silencieux, ou en suggérant un autre sujet de discussion. Par exemple, si l'on vous demande : « Combien valez-vous ? », vous pouvez répondre :
« La carrière est pour moi un élément important et les décisions qui influencent mon choix ne sont pas basées sur des données essentiellement financières. Je serais ravi d'aborder cet aspect de plus près, dès que nous aurons passé en revue mes qualifications pour ce poste ».

4. Sécuriser.
Vos réponses doivent prouver au recruteur qu'en vous embauchant sa prise de risque est minime.
Décrivez, par exemple, une ou deux de vos réalisations en citant des faits, des chiffres ou des preuves tangibles.
Si l'on vous demande : « Pourquoi pensez-vous avoir le potentiel pour ce poste ? », vous pouvez répon-

dre : « Mes 3 qualités essentielles pour ce poste sont... » (et mentionnez 3 points forts).

5. Faire un trait d'humour.

Bien que l'humour paraisse risqué lors d'un entretien, il peut se révéler un excellent outil pour gérer les questions difficiles. Il n'est cependant pas recommandé de l'utiliser si vous n'avez pas établi au préalable un rapport de confiance avec votre recruteur. Avancez prudemment sur ce terrain, très prudemment !

Certaines questions semblent appeler des réponses humoristiques. En particulier lorsqu'une réponse rationnelle ne peut pas suffisamment rassurer votre recruteur.

Par exemple, si l'on vous demande : « Aimeriez-vous occuper mon fauteuil un jour ? », vous pouvez répondre : « Oui, si vous en trouvez un encore plus confortable ! ».

Le recours à l'humour dans vos réponses montre à votre recruteur que vous n'êtes pas déstabilisé par sa question.

6. Contrôler son langage non verbal.

Lorsqu'on vous pose certaines questions, contrôlez votre langage non verbal afin qu'il ne vous trahisse pas (vos gestes ne doivent pas contredire vos propos). Le langage non verbal dévoile souvent une réponse d'autant plus significative qu'elle est inconsciente.

Si vous devez répondre à une question embarrassante, telle que l'évocation d'une difficulté vécue dans le passé, évitez de vous trahir. Certains candidats se raclent la gorge, d'autres rougissent, d'autres encore regardent le sol ou se tordent les mains... Parfois les signes sont plus discrets, moins visibles, comme par exemple le durcissement des muscles de la mâchoire ou un léger affaissement des épaules ou des commissures des lèvres.

Les recruteurs sont très doués pour remarquer et enregistrer ces réactions inconscientes sans que vous vous en aperceviez.

Pour vous préparer à ce type de questions, vous vous entraîner encore et encore.

Pour cela, demandez à un ami de vous poser la ques-

tion qui présente pour vous un problème, puis de vous dire si certains de vos gestes vous ont trahis.
Vous pouvez également analyser vos réactions face à un miroir.
Par exemple, si l'on vous demande :
« Êtes-vous prêt à réduire vos prétentions salariales ? », vous pouvez répondre, sans manifester la moindre émotion, et même si cela vous rend soucieux : « De combien ? ».

7. Se montrer détendu et serein.
Il est difficile à un recruteur de rester neutre face à un candidat spontané, enthousiaste et souriant.
La meilleure façon de traiter certaines questions est de les prendre de manière très détendue, de sourire et d'avoir l'air serein. Rien n'est plus désarmant qu'un sourire ; vous lui donnerez encore plus d'efficacité si vous affichez une certaine assurance et si vous regardez votre recruteur dans les yeux.
Par exemple, si l'on vous demande : « Comment avez-vous trouvé ma façon de mener l'entretien ? », souriez, attendez quelques secondes, puis dites :

« Excellente. Vous possédez maintenant tous les éléments pour prendre votre décision ».
Il faut parvenir à contenir le trac ; l'important c'est l'image que vous donnez de vous, votre allure extérieure et non pas ce que vous ressentez.

Instructions

1. Avertissement

Les réponses qui vous sont suggérées sont des points d'ancrage, des repères qui doivent vous permettre de préparer vos réponses personnelles. Il est bien évident que vous ne devez pas les utiliser sans les adapter à votre cas particulier. Au fur et à mesure que vous étudierez chacune des 101 questions, notez les exemples concrets de votre vie professionnelle et extra professionnelle qui peuvent étayer vos réponses ; en entretien d'embauche, rien ne peut remplacer les références, les exemples, les chiffres, en un mot : les preuves !

2. Comment utiliser ce livre

2.1. Vous l'utilisez seul

Passez en revue toutes les questions de ce livre.
Sélectionnez celles qui présentent pour vous la plus grande difficulté (15 au maximum) et marquez les pages par un trombone ou un post-it.
Toutes les questions que vous craignez de vous voir poser au cours d'un entretien sont des questions que vous devez particulièrement préparer.
Toutes les questions pour lesquelles vous anticipez une difficulté nécessitent un travail particulier de votre part. Celui-ci doit impérativement être fait avant que vous ne rencontriez votre interlocuteur.
Pour chaque question délicate, notez sur une feuille de papier la réponse que vous envisageriez de donner à votre recruteur. Puis, tournez la page et lisez les réponses possibles qui vous sont suggérées.
Sélectionnez celle qui vous séduit le plus et comparez-la avec celle que vous avez notée.
Choisissez la réponse que vous pensez être la meilleure pour chaque question difficile. Répétez-la

jusqu'à ce que vous la maîtrisiez et que vous vous sentiez à l'aise en la prononçant.

Lorsque vous imaginez une réponse originale, très différente de celles qui vous sont proposées, avancez prudemment.

Demandez conseil à des amis, des relations, d'anciens collègues ou à des personnes de confiance. Comment jugent-ils votre réponse ? Quelle serait la leur ?

2.2. *Vous l'utilisez avec un partenaire*

Si vous étudiez ces questions difficiles avec un partenaire, procédez comme suit.

- Asseyez-vous l'un en face de l'autre.
- Sélectionnez les questions que vous voulez étudier (5 à 15 questions par personne pour commencer suffisent). Ces questions peuvent être prises au hasard ou choisies parmi les questions les plus redoutées. Échangez vos questions (ou leurs numéros) avec celles du partenaire.
- Commencez le jeu. Chacun est tour à tour le candidat puis le recruteur.

Vous pouvez alternativement poser une question et vous en faire poser une, ou, au contraire, jouer le rôle du recruteur pour toutes les questions que votre partenaire a sélectionnées, puis celui du candidat pour toutes les questions que vous avez choisies.
Chaque fois que vous faites une bonne réponse, notez-la. N'oubliez pas de préciser son numéro de façon à vous en souvenir et à pouvoir l'utiliser au cours de l'entretien.

- Lorsque vous avez terminé, passez en revue toutes les questions posées et les meilleures réponses que vous avez découvertes. Vérifiez avec plusieurs personnes de confiance que les réponses choisies sont appropriées, judicieuses et en harmonie avec votre personnalité.
- Rejouez encore et encore.

Parlez-moi de vous !

Parlez-moi de vous !

Proposez à votre interlocuteur l'un des 4 choix suivants que vous développerez en moins de 2 minutes :

R Avec plaisir ! Quel point particulier souhaitez-vous que je développe ?
R Avec plaisir ! De façon chronologique ou anti-chronologique ?
R Avec plaisir ! Les aspects professionnels ou extra-professionnels ?
R Avec plaisir ! De façon très développée ou plutôt succincte ?

Quel était votre dernier salaire ?

Quel était votre dernier salaire ?

R Mon dernier salaire se situait exactement dans la fourchette que je vise et qui est comprise entre… et…

R Il existe, chez l'employeur que je viens de quitter, un *gentleman's agreement* qui veut que l'on ne dévoile jamais son salaire, ni à l'intérieur, ni à l'extérieur de la société.

R C'est avec plaisir que je vous le communiquerai après avoir négocié mon futur salaire chez vous.

R Mon dernier salaire était tout à fait cohérent avec la contribution que j'apportais à mon employeur précédent.

Avez-vous jamais licencié quelqu'un ?

Avez-vous jamais licencié quelqu'un ?

R Non.

R Oui. C'est une opération difficile et je me suis toujours efforcé de procéder avec tact et humanité.

R Oui, plusieurs fois. J'ai pris mes responsabilités de A à Z et je l'ai fait correctement.

R Oui. Cette tâche figure parmi les attributions de tout responsable et il doit s'y préparer.

Comment vous comportez-vous lorsque vous réalisez avoir commis une erreur ?

Comment vous comportez-vous lorsque vous réalisez avoir commis une erreur ?

R J'en étudie les conséquences et je m'adapte.
R Je prends du recul, j'analyse la situation et j'élabore des mesures correctives.
R J'assume mes responsabilités et je me mets au travail.
R Je recueille des avis et conseils d'amis et de collègues.

Êtes-vous prêt à abaisser vos prétentions salariales ?

Êtes-vous prêt à baisser vos prétentions salariales ?

R Oui, avec un réajustement de salaire après une période que je vous propose de négocier.

R Oui, nous pourrions en discuter dans un second entretien et selon les responsabilités que vous souhaitez me confier.

R Ce que vous appelez prétentions correspond pour moi à la juste contrepartie de mon travail ; néanmoins je reste ouvert à toute proposition.

R Oui, dans la mesure où il serait possible de convenir d'une compensation en aménagements d'horaires ou en jours de congés non payés.

R Si l'ambiance de travail est bonne et les perspectives de promotion garanties, je suis ouvert.

R Oui, pourrions-nous négocier une adaptation de mon salaire par la suite ?

R Tout dépend de la définition du cahier des charges.

R De combien ?

Dois-je vous faire une proposition ferme d'embauche ?

Dois-je vous faire une proposition ferme d'embauche ?

R Oui.
R Oui, après m'avoir précisé…
R Je la considérerais très positivement !
R Oui, car mon profil correspond au poste et celui-ci me plaît vraiment.
R Oui, car j'ai toujours eu beaucoup d'intérêt pour ce type de responsabilités.

Pourquoi recherchez-vous un emploi ?

Pourquoi recherchez-vous un emploi ?

R Je ne recherche pas un emploi. Je viens vous offrir mes services.

R Le poste que j'occupais ne correspondait plus à mes aspirations.

R Je viens de prendre un virage professionnel et je souhaite maintenant offrir mes services à une société qui… (donnez 1 ou 2 caractéristiques).

R Je viens de terminer une mission et j'aborde une nouvelle phase de ma carrière.

Combien de temps envisagez-vous de rester chez nous ?

Combien de temps envisagez-vous de rester chez nous ?

R Aussi longtemps que je pourrai vous apporter quelque chose.
R Je vise une collaboration à long terme.
R Je me suis toujours montré fidèle à mes anciens employeurs.
R Aussi longtemps que vous vous développerez.

Pourquoi êtes-vous sans emploi depuis si longtemps ?

Pourquoi êtes-vous sans emploi depuis si longtemps ?

R J'ai pris le temps de parfaire mes connaissances en langues et en méthodes de communication.

R Les journées étaient bien remplies ; durant cette période, mes démarches ont débouché sur plusieurs entretiens et je suis en pleine négociation.

R J'ai pris du temps pour faire mon bilan. Maintenant c'est très clair. La preuve : je suis ici.

R J'étudie très sérieusement les propositions qui me sont faites. Je préfère la qualité à la quantité.

R J'attendais de trouver un travail qui corresponde parfaitement à mes qualifications.

Que pensez-vous de votre dernier supérieur hiérarchique ?

Que pensez-vous de votre dernier supérieur hiérarchique ?

R Un homme très compétent et qui connaît bien son métier.
R Une personne qui entretient de très bonnes relations, aussi bien avec ses employés qu'avec ses contacts professionnels extérieurs.
R Un homme efficace et organisé qui m'a beaucoup appris.
R Un grand spécialiste dans son domaine.
R Étant donné la nature de mon travail, nous avions des rapports neutres et de type administratif.

Pouvez-vous me citer l'une de vos décisions qui a été contestée ?

Pouvez-vous me citer l'une de vos décisions qui a été contestée ?

R Oui. Lorsque j'ai décidé de quitter mon emploi en 20XX, mon chef de division a tout fait pour me conserver, prétextant que je ne gagnerais rien au change.

R Des amis ont essayé de me dissuader de faire des études de… Je les ai néanmoins entreprises et je m'en félicite.

R Oui. Bien qu'ayant défendu mon point de vue auprès de mon supérieur hiérarchique, je n'ai pas été suivi ; réalisant que 2 données stratégiques m'avaient échappé, j'ai reconnu l'insuffisance de mon argumentation et il ne m'en a pas été tenu rigueur.

Comment vos subordonnés vous perçoivent-ils ?

Comment vos subordonnés vous perçoivent-ils ?

R Ils me perçoivent comme quelqu'un d'exigeant, mais juste et ouvert au dialogue.

R Ils m'apprécient.

R Je suis de nature conciliante et mes talents de médiateur sont reconnus.

R Au cours des 2 dernières années, personne n'a quitté mon équipe et nous avons augmenté le chiffre d'affaires.

Qu'aimiez-vous le plus et le moins dans votre dernier job ?

Qu'aimiez-vous le plus et le moins dans votre dernier job ?

Donnez le plus... restez silencieux sur le moins, et changez immédiatement de sujet.

R Le plus : les défis qu'il offrait. Puis changez de sujet.

R Le plus........., le moins.......... Pour terminer, revenez à un élément positif.

R Le moins, comme tout un chacun : le travail de routine. Le plus........ (citez quelque chose de valorisant).

R Le plus : la créativité. Le moins : les tâches répétitives néanmoins indispensables pour recharger mes batteries.

R Le plus : le dynamisme. Le moins : le côté parfois superficiel de certains rapports humains.

Que préférez-vous : les chiffres ou les lettres ?

Que préférez-vous : les chiffres ou les lettres ?

R Les deux : dans un contexte de recherche, l'utilisation des chiffres m'est familière, et dans le développement d'une théorie, je passe volontiers par les écrits.

R Les lettres. Pour vendre un voyage, il est plus facile d'argumenter sur la destination que sur les tarifs.

R Les chiffres. Il est plus facile de se baser sur des chiffres que sur des théories.

R De par ma formation, j'ai une plus grande facilité à jongler avec les chiffres qu'à rédiger.

R Je suis plus à l'aise avec les chiffres, néanmoins je préfère les lettres.

Combien de personnes avez-vous dirigées ?

Combien de personnes avez-vous dirigées ?

R Je n'en ai pas encore eu l'occasion mais j'y suis préparé (préciser comment).

R Entre… et… selon la taille des projets.

R Plusieurs lors d'activités extra-professionnelles et ça s'est bien passé.

R Pour vous donner des ordres de grandeur, j'ai assumé toutes les responsabilités de management, de l'équipe à l'unité de production.

Quelles responsabilités financières avez-vous eues ?

Quelles responsabilités financières avez-vous eues ?

R Dès l'âge de 16 ans j'ai géré mon budget

R J'avais essentiellement des responsabilités de nature technique qui pouvaient se traduire en responsabilités financières.

R Je gère le budget du ménage.

R J'ai fait tripler le chiffre d'affaires de mon département en 8 mois.

Comment vous êtes-vous justifié économiquement dans votre dernier poste ?

Comment vous êtes-vous justifié économiquement dans votre dernier poste ?

R J'ai remplacé 2 personnes pendant 2 ans à la tête du département logistique.

R J'ai augmenté de X % le chiffre d'affaires.

R Très simplement. J'étais payé à la pièce/au rendement/à la commission.

R Mes objectifs étaient clairs et je n'ai jamais hésité à faire des heures supplémentaires.

R J'ai réussi à... (citez 1 ou 2 réalisations).

R J'ai assumé mes responsabilités et fait en sorte qu'aucun incident ne survienne. (Par exemple : arrêt de production...).

R J'ai fait mon métier avec cœur et me suis efforcé de... (citez 1 ou 2 réalisations).

R En fidélisant plus de la moitié de la clientèle.

R En produisant, en marge brute, 5 fois mon salaire.

Qu'avez-vous d'unique à nous offrir ?

Qu'avez-vous d'unique à nous offrir ?

R Une triple dimension : une formation de base technique, un complément dans le management et une expérience internationale.

R Les choses uniques se trouvent souvent dans les musées. Je me sens opérationnel.

R Une approche des choses originale. (Donnez 1 ou 2 exemples).

R Je suis l'homme de la situation et le poste m'attire beaucoup.

Quelles sont les deux activités/situations qui vous ennuient le plus ?

Quelles sont les deux activités/situations qui vous ennuient le plus ?

R M'ennuyer et ennuyer !
R Les gens tristes et mesquins.
R Rester sans rien faire et… perdre mon temps.

Êtes-vous bien sûr d'avoir le profil pour le poste ?

Êtes-vous bien sûr d'avoir le profil pour le poste ?

R Êtes-vous en train de me tester ?

R Ce poste correspond exactement à ce que je souhaite faire et tout me laisse à penser que j'en ai le potentiel.

R Mettez-moi à l'épreuve !

Avez-vous eu connaissance de critiques émises sur notre organisation ?

Avez-vous eu connaissance de critiques portées sur notre organisation ?

R J'ai appris que vous étiez très exigeant avec vos employés. Ce n'est pas pour me déplaire.

R L'obsession qu'a votre organisation de soigner son image auprès des médias.

R Les commentaires sont en général très positifs.

R Que vous ne soyez pas leader sur votre marché.

Comment vous comportez-vous lorsque vos idées sont rejetées ?

Comment vous comportez-vous lorsque vos idées sont rejetées ?

R J'en propose d'autres !
R Je négocie un compromis.
R Je les aménage et je les fais aboutir par un autre chemin.
R J'essaye de comprendre et je réajuste mon argumentation.
R J'en profite pour me remettre en question.
R Je persiste si je les estime justes.
R Je conserve les ingrédients mais je modifie la recette.

Avez-vous déjà travaillé avec des personnes difficiles ?

Avez-vous déjà travaillé avec des personnes difficiles ?

R Oui. Ça me stimule.

R Des personnes complexes oui ; difficiles, je ne le pense pas.

R Oui à plusieurs reprises. Il est alors important de clarifier les objectifs et les responsabilités.

R Pas à ce jour. Je ne dois pas les attirer ou ne pas les remarquer !

Avez-vous eu des difficultés financières dans le passé ?

Avez-vous eu des difficultés financières dans le passé ?

R Comme tout le monde. J'établis mon budget.

R Oui, une fois. Je m'en suis sorti et en ai tiré un enseignement : j'élabore toujours un plan de repli.

R Pas jusqu'à ce jour. J'ai toujours été prudent.

R Oui. Lorsque j'ai acheté un appartement. J'ai eu quelques années/mois difficiles, mais je me suis rétabli. C'est une histoire ancienne.

Que pensez-vous des diplômes ?

Que pensez-vous des diplômes ?

R C'est une excellente chose quand ils sont complétés par une expérience professionnelle.

R Nécessaires mais pas suffisants.

R Je préfère que l'on me juge plutôt sur ma personnalité.

R Les qualités humaines sont aussi importantes que la culture générale.

Quels sont vos loisirs ? Comment occupez-vous votre temps libre ?

Quels sont vos loisirs ? Comment occupez-vous votre temps libre ?

Citez le ou les sports/activités culturelles que vous pratiquez.
Si vous pratiquez une activité extra-professionnelle très intensive, songez qu'elle pourrait être interprétée comme une entrave à votre disponibilité.

R Je profite de mon temps libre pour lire beaucoup.
R Je pratique les rythmes alternant travail intellectuel intensif et loisirs, longues heures de bureau et activités de plein air.
R J'utilise mes loisirs pour compenser le manque d'activité physique et retrouver ainsi du tonus dans mon travail.
R De façon assez classique : en libérant mon agressivité ou en satisfaisant mes frustrations. En prenant des revanches au squash ou au tennis ou en me défoulant dans le sport
R Je me forme et m'enrichis par des conférences et des lectures.

Qu'est-ce qui vous met hors de vous ?

Qu'est-ce qui vous met hors de vous ?

R Le mensonge.
R Le fait de ne pas me sentir impliqué dans un projet que l'on a accepté.
R L'injustice.
R Les personnes qui tuent l'entreprise en faisant de la résistance passive au changement pour préserver leur confort.

Souhaitez-vous un jour occuper mon fauteuil ?

Souhaitez-vous un jour occuper mon fauteuil ?

R Bien sûr !

R Lorsque je serai devenu aussi efficace que vous... Restez silencieux et faites un sourire complice.

R Mon souhait à terme est en effet d'occuper un fauteuil comportant des responsabilités du niveau de celles que vous assumez.

R Oui. Dès que vous aurez été promu/partirez à la retraite.

R Pas pour l'instant. Un jour peut-être !

R Oui, si vous en trouvez un encore plus confortable.

R Puis-je l'essayer tout de suite ?

Silence (c'est une forme d'interrogation)

Silence (c'est une forme d'interrogation)

Répondez par votre silence et, pour garder votre calme, comptez mentalement à rebours dans une langue étrangère en partant par exemple de 20.
Posez une question qui change radicalement de sujet et revient sur un thème que votre interlocuteur paraissait apprécier.
Posez une question sur l'entreprise. Demandez de la documentation.
Respectez un silence, puis dites au bout d'environ 5 à 7 secondes :

R Ai-je répondu à votre silence ?
R Peut-on faire un petit bilan de tout ce que nous venons de dire ?
R Bien. Si nous avons tout passé en revue, lequel de nous deux prendra l'initiative du prochain contact ?
R Avez-vous encore des questions à me poser ?
R Pouvons-nous revenir sur tel point du cahier des charges ?

Que trouvez-vous de particulièrement intéressant dans ce poste ?

Qu'est-ce qui vous intéresse le plus dans ce poste ?

R Ce poste me séduit car il fait appel à la fois à mon enthousiasme et à mes connaissances.

R Ce poste est l'aboutissement logique des 7 ans que je viens de passer dans la fonction de… et dans celle de…

R Ce poste m'attire en raison de son cahier des charges, et votre société par sa stratégie et ses valeurs.

R Il correspond à ce que je recherche depuis longtemps : un dosage équilibré d'objectifs « court terme » et « long terme ».

Que pensez-vous de la rémunération au mérite / variable ?

Que pensez-vous de la rémunération variable ?

R Je ne vois pas très bien le lien entre votre question et le poste à pourvoir.

R Votre question me semble pertinente ; me serait-il possible d'y répondre un peu plus tard ?

R Votre question est inattendue mais pertinente (sourire et silence).

R Puis-je vous demander de me préciser 2 ou 3 grandes lignes de votre politique salariale ?

R Quelle forme prend concrètement chez vous la promotion interne ?

R Vous ne pouvez pas ne pas tenir compte de l'efficacité.

Où vous voyez-vous à long terme ?

Où vous voyez-vous à long terme ?

R À un poste où ma rentabilité sera optimale pour votre société.

R Long terme à 5 ans ou long terme à 15 ans ?

R Ce poste représente mon court terme et votre organisation plus globalement est à mes yeux un long terme tout à fait digne d'intérêt.

R Là où je serai efficace et où je m'épanouirai.

Avez-vous des problèmes ?

Avez-vous des problèmes ?

R Oui, de devoir bientôt choisir entre 2 propositions fermes d'embauche.

R Quel genre de problèmes ? Professionnels, personnels, familiaux ?

R Tout va bien (sourire), je vous remercie.

Citez-moi 1 ou 2 points de désaccord avec votre dernier supérieur hiérarchique

Citez-moi 1 ou 2 points de désaccord avec votre dernier supérieur hiérarchique

R Nous avons eu des discussions lors de divergences d'ordre stratégique. Nous sommes ensuite toujours parvenus à un accord.

R Je n'en ai jamais rencontré.

R Nous n'apprécions pas les mêmes films !

Quelle a été votre décision la plus difficile/pénible des 12 derniers mois ?

Quelle a été votre décision la plus difficile/pénible des 12 derniers mois ?

Citez une décision et montrez comment vous vous en êtes bien sorti.

R Aucune décision n'est difficile à prendre lorsqu'on a bien analysé la situation !

R Pour moi, les décisions s'imposent et je n'ai pas d'états d'âme au moment d'assumer mes responsabilités.

R Refuser un job bien payé qui ne m'intéressait pas.

R Elle est de nature personnelle. Maintenant tout est rentré dans l'ordre.

R Celle de choisir la meilleure formule pour entrer en contact avec vous et obtenir cet entretien.

R Reprendre un entraînement physique très régulier.

Laquelle de vos réalisations vous a donné la plus grande satisfaction ?

Laquelle de vos réalisations vous a donné la plus grande satisfaction ?

R Celle qui m'a permis de multiplier par deux notre activité / de réduire nos frais de 40 %.

R Lorsque j'ai redressé une situation que tout le monde jugeait perdue.

R Celle d'avoir fondé une famille et élevé mes enfants dans l'équilibre et la joie.

R C'est d'avoir fait aboutir un projet assez semblable à celui contenu dans le poste que vous proposez.

Comment réagissez-vous si l'on vous demande de changer radicalement de méthode ?

Comment réagissez-vous si l'on vous demande de changer radicalement de méthode ?

R Je me montre conciliant et néanmoins autonome.

R Je suis en général très ouvert et je réagis toujours positivement.

R Au départ c'est peut-être difficile. En fait, c'est stimulant et j'en profite pour améliorer mes compétences.

R Je l'accepte après avoir renégocié un délai pour la réalisation de la tâche.

R Je demande quelles en sont les raisons et, si elles sont vérifiées, je l'accepte.

Avez-vous des regrets ?

Avez-vous des regrets ?

R Des regrets, non. Des souvenirs, oui.

R Oui, celui de n'avoir pu postuler plus tôt à ce poste (prendre l'air heureux en en disant cela).

R Non. J'ai toujours considéré le côté positif de mes expériences professionnelles.

R Oui. Celui de n'avoir pas toujours pu mettre en application mon potentiel créatif dans certains postes.

R Je fais partie des gens qui vont de l'avant.

R Des regrets, non. Uniquement des expériences.

R Oui, un seul : (citez-en un).

Ne pensez-vous pas être sous-qualifié pour ce poste ?

Ne pensez-vous pas être sous-qualifié pour ce poste ?

R Je pense être à la hauteur du poste car… (donnez 2 preuves/illustrations).

R Je suis tout à fait disposé à suivre un programme intensif de formation.

R Sur 2 aspects de la fonction, peut-être. Cependant, j'ai 3 choses positives à vous offrir… (citez 3 qualités ou réalisations).

R Faites-vous référence à une aptitude très précise ?

R Je pense avoir la compétence et l'enthousiasme nécessaires à ce poste.

R Permettez-moi de vous repréciser mon expérience dans le domaine de…

J'ai maintenant 3 candidats, dont vous. Lequel dois-je choisir ?

J'ai maintenant 3 candidats, dont vous. Lequel dois-je choisir ?

R Moi, car je pense être l'homme de la situation.

R Dites moi ce que vous appréciez chez moi et ce qui vous retient.

R Quels sont les critères déterminants de votre choix ?

R Si vos 3 critères de choix sont la compétence, l'enthousiasme et la persévérance... je suis votre homme !

Vous n'avez pas confiance en nous ?

Vous n'avez pas confiance en nous ?

Question posée notamment lorsque vous demandez une trace écrite d'un accord ou d'un engagement.

R Je souhaite simplement, pour la bonne forme, concrétiser l'accord auquel nous sommes parvenus.

R Il n'en est rien ; je vous propose seulement de résumer par écrit les termes de notre entretien ; peut-être préférez-vous le faire vous-même ?

R J'ai pour méthode de travail de toujours consigner les choses importantes par écrit.

Qu'avez-vous de plus que les autres candidats qui puisse faire la différence ?

Qu'avez-vous de plus que les autres candidats qui puisse faire la différence ?

R Je suis l'homme de la situation !

R Après notre entretien, vous serez sans doute plus à même de répondre que moi puisque vous me connaîtrez mieux.

R Si vous me posez cette question, c'est que vous possédez la réponse !

Quels sont les 2 points que vous souhaitez améliorer dans les 2 ans à venir ?

Quels sont les 2 points que vous souhaitez améliorer dans les 2 ans à venir ?

R Les performances de mes futurs collaborateurs… et les miennes.

R Ma faculté d'anticiper encore plus rapidement les besoins du marché, car…

R Mon swing et mon handicap ! Jouez-vous au golf ?

R En termes de savoir-être, de savoir ou de savoir-faire ?

R Augmenter votre part de marché et fidéliser certains de vos clients.

R Les 2 points sensibles de votre organisation que vous avez cités.
À savoir : … et …

Avez-vous d'autres propositions fermes d'embauche ?

Avez-vous d'autres propositions fermes d'embauche ?

R Oui.
R Oui, mais votre entreprise m'attire beaucoup !
R Je suis en négociation avancée avec 2 autres entreprises.

Êtes-vous un meneur ?

Êtes-vous un meneur ?

R Si savoir se faire écouter et respecter par les collaborateurs signifie être un meneur… alors oui, je le suis.

R Un meneur sans doute, mais pas un dictateur !

R Je crois que je l'ai toujours été : dans le sport et dans le travail.

R Qu'entendez-vous par là ? S'il s'agit de faire bouger tout le monde en vue d'atteindre un objectif, alors oui, je suis un meneur !

Quelles sont vos lectures préférées ?

Quelles sont vos lectures préférées ?

R Je lis très régulièrement des journaux d'information et des romans.

R La presse quotidienne et des romans policiers et historiques.

R Essentiellement des magazines techniques.

R J'aime les quotidiens et les biographies.

Pourquoi ne gagnez-vous pas plus à votre âge ?

Pourquoi ne gagnez-vous pas plus à votre âge ?

R Le cahier des charges de mon emploi précédent était totalement différent de celui que vous me proposez.

R Mon salaire était jusqu'alors très largement complété par de nombreux avantages en nature.

Acceptez-vous de passer des tests psychologiques ?

Acceptez-vous de passer des tests psychologiques ?

R Oui. Pouvez-vous dans un premier temps me préciser comment vous les intégrez à votre décision ?

R Avec plaisir, une fois que nous aurons fait suffisamment connaissance.

R Certainement. Comme il est de coutume, je vous demanderai de m'en transmettre les conclusions.

R Je préfère vous permettre de me juger sur mes réalisations professionnelles passées et suis prêt à répondre à toutes vos questions.

R Je vous propose de remplacer les tests par un entretien en profondeur. Ceci vous permettra d'évaluer ma personnalité d'une manière aussi précise qu'un test.

Êtes-vous créatif ?

Êtes-vous créatif ?

R Pouvez-vous me poser un cas concret pour me juger sur pièces ?

R Oui. C'est l'une de mes principales caractéristiques.

R Je le pense. Dans mon dernier poste/poste actuel, j'ai… et… (citez 2 réalisations mettant en valeur votre créativité).

R Qu'entendez-vous par créatif ?

Dans votre dernier emploi, avez-vous découvert un problème que vos prédécesseurs avaient ignoré ou pas su traiter ?

Dans votre dernier emploi, avez-vous découvert un problème que vos prédécesseurs avaient ignoré ou pas su traiter ?

R Honnêtement, je ne sais pas. J'ai été amené à me débrouiller seul et je ne peux pas imputer tel ou tel problème que j'ai résolu à une carence de mes prédécesseurs.

R Oui. Un problème qui m'a permis de développer une nouvelle technique.

R J'ai mis à jour un mode de fonctionnement qui vidait le job de son sens.

R Oui. Une mesure de sécurité/sauvegarde qui n'était pas mise en œuvre.

R Pour un problème important, j'ai fait appel à des experts ce qui m'a permis, par la suite, de maîtriser seul ce type de situation.

Comment fonctionnez-vous sous pression ?

Comment fonctionnez-vous sous pression ?

R Ça me rend plus efficace car ça me stimule.
R Je travaille toujours aussi bien.
R En principe, je m'organise pour ne pas me trouver sous pression. Si cela m'arrive, je le gère.
R J'apprécie que des objectifs soient fixés et je n'ai aucun mal à tenir les délais ; j'élimine ainsi la plupart des causes de stress.

Quel type de poste vous convient le mieux : hiérarchique ou fonctionnel ?

Quel type de poste vous convient le mieux : hiérarchique ou fonctionnel ?

R Pour moi, ces 2 notions peuvent se trouver de façon concomitante dans la même fonction et ne s'opposent pas nécessairement.

R Je recherche un poste avant tout opérationnel, qu'il soit hiérarchique ou fonctionnel.

R Dans mon dernier poste, j'avais une double casquette : hiérarchique et fonctionnelle. Je m'en portais très bien.

R J'ai occupé les deux types de postes. Je me sens à l'aise dans les deux.

R Je sais m'adapter aux deux cas de figure.

R Je fonctionne bien dans les 2 situations. J'ai, néanmoins, un petit penchant pour...

R Hiérarchique de préférence.

Comment avez-vous lutté contre les effets négatifs de la perte d'emploi ?

Comment avez-vous lutté contre les effets négatifs de la perte d'emploi ?

R Je me suis accroché et maintenant j'ai repris le dessus. Ce genre d'expérience forge la volonté !

R J'ai profité de cette période pour approfondir mes connaissances dans le domaine de… C'est chose faite et je viens de lancer ma campagne de recherche d'emploi.

R Je me suis imposé une hygiène de vie stricte et un programme d'activités.

Quelle est la tâche la plus difficile d'un responsable ?

Quelle est la tâche la plus difficile d'un responsable ?

R À mon avis, c'est de ne pas pouvoir partager sa responsabilité et d'être souvent seul pour prendre des décisions délicates.

R D'être parfois dans l'obligation de se séparer de collaborateurs et d'avoir à le leur expliquer clairement.

R De trouver des solutions pertinentes pour éviter des licenciements.

R De savoir parfois patienter.

Si vous étiez à ma place, qu'exigeriez-vous des candidats ?

Si vous étiez à ma place, qu'exigeriez-vous des candidats ?

R Avant tout, l'authenticité.

R Une personnalité, du « savoir-être ».

R Les qualités du dieu Hermès (ou Mercure) : participer comme ministre ou serviteur à toutes les affaires, avec un zèle infatigable !

R Qu'ils soient enthousiastes et compétents.

L'entretien est terminé. Avez-vous encore une question à me poser ?

L'entretien est terminé. Avez-vous encore une question à me poser ?

R Merci. Je pense que le tour d'horizon a été très complet.

R Oui. Nous pourrions les traiter au cours d'un entretien ultérieur.

R Oui. Quelle(s) conclusion(s) positive(s) tirez-vous de notre entretien ?

R Tout a été passé en revue. Qui prend l'initiative de la prochaine étape ?

Quelles sont les évolutions majeures de notre secteur ?

Quelles sont les évolutions majeures de notre secteur ?

R L'étude que j'ai réalisée avant de vous rencontrer en révèle 2 : citez-les.

R J'ai 1 ou 2 idées qu'il me faut encore approfondir.

R Assez positives. C'est pourquoi je tiens à y travailler.

R Comme dans beaucoup d'autres : abaisser les coûts, améliorer la qualité, consolider le service.

Pourquoi pensez-vous avoir le potentiel pour ce poste ?

Pourquoi pensez-vous avoir le potentiel pour ce poste ?

R Je connais mes possibilités et puis déjà vous promettre d'augmenter certains ratios (citez 2 ratios que vous êtes sûr d'améliorer).

R Deux choses me font répondre positivement (citez 2 exemples/faits/preuves précis).

R Mes trois qualités les plus adaptées à ce poste sont… (citez 3 qualités).

R Sur la base de vos informations, je crois posséder le potentiel et, surtout, l'enthousiasme et la détermination que vous attendez d'un collaborateur.

Ne pensez-vous pas être surqualifié pour ce poste ?

Ne pensez-vous pas être surqualifié pour ce poste ?

R Qu'entendez-vous par surqualifié ?

R En regard des projets dont j'ai été responsable, mes compétences correspondent au poste que vous m'avez décrit.

R Vous rendez-vous compte des atouts supplémentaires que je mets à votre disposition ?

R Pour ce poste, j'ai le sentiment que l'expérience est aussi importante que les qualifications.

R Lequel de mes diplômes/certificats voulez-vous que je brûle ?

R Qu'est-ce qui vous fait penser que je suis surqualifié pour le job ?

R Quelle partie de mon C.V. vous donne-t-elle cette impression ?

Combien de temps vous faudra-t-il avant d'être opérationnel ?

Combien de temps vous faudra-t-il avant d'être opérationnel ?

R Pour être... (citez le poste ou la responsabilité) : immédiatement.

R Pour vous répondre, il me faudrait d'abord vous poser 2 questions :
1. ....
2. ....

R Le temps d'étudier le dossier.

R D'habitude je m'adapte assez rapidement. Comptons entre ... et ... semaines.

R Pour le quotidien : tout de suite.
Pour les sujets plus délicats, le temps de connaître :
— les dossiers ;
— votre société ;
— vos clients.

Quel est votre mode de fonctionnement ?

Quel est votre mode de fonctionnement ?

R Je n'apprécie guère les gourous et je ne me réclame d'aucune école. Avez-vous lu le dernier livre de XYZ ?

R Une gestion saine, bien sûr !

R Celui qui est le plus approprié à la situation.

R On me considère comme... (citez 3 qualités).

R Je suis, en général, assez efficace dans 2 situations : en équipe et sous pression.

R Voulez-vous connaître mon style de relations avec les autres ou ma façon d'aborder les problèmes ?

R J'alterne le travail en groupe avec le travail individuel.

Pourquoi recherchez-vous ce type d'emploi ?

Pourquoi recherchez-vous ce type d'emploi ?

R Parce que c'est dans ce type d'emploi que je peux donner le meilleur de moi-même.

R Pour 3 raisons :
— la diversité des tâches ;
— la liberté d'organisation personnelle ;
— la possibilité de faire les choses de A à Z.

R Parce que mon expérience dans ce domaine pourrait être profitable à votre organisation.

Pourquoi voulez-vous travailler pour nous ?

Pourquoi voulez-vous travailler pour nous ?

R Le poste à pourvoir et les missions à mener à bien correspondent exactement à mes propres objectifs.

R Votre société a la réputation de faire un travail/ vendre des services ou produits de qualité.

R J'ai eu la chance de me trouver souvent dans des situations qui sont votre quotidien.

R Vous êtes une société à laquelle je pourrai offrir : (citez 3 apports)
1. ………………….
2. ………………….
3. ………………….

R Votre société m'attire énormément (préciser pourquoi).

R Vos projets de développement correspondent à mes ambitions.

R Connaissant assez bien votre marché, je pense présenter un atout pour vous.

Comment définissez-vous le métier de... ?

Comment définissez-vous le métier de… ?

Listez les tâches clés qui vous semblent importantes

R Un métier où il faut… (citez 3 talents et 1 ou 2 conditions de travail difficiles).

R Un poste qui exige :
— une très grande discrétion ;
— une très grande disponibilité.

R Un métier difficile avec de nombreux défis à relever et des clients exigeants.

R Un métier que j'adore.

Qu'est-ce qui vous intéresse le plus dans ce poste ?

Qu'est-ce qui vous intéresse le plus dans ce poste ?

R Sa polyvalence et le contact avec la clientèle.
R La possibilité de pouvoir utiliser mes compétences linguistiques.
R Le dynamisme de votre entreprise et les exigences de ce poste.
R L'étendue du champ des responsabilités.

Quels sont vos points faibles et vos limites ?

Quels sont vos points faibles et vos limites ?

R J'étais méticuleux et j'ai appris à devenir efficace.

R Mon point faible c'est de ne pas toujours connaître mes limites.

R Je mets parfois trop de passion dans ce que j'entreprends.

R « Je suis très curieux d'esprit « ou « Je n'aime pas les oursins ou la rhubarbe »

Quelles sont vos ambitions pour le futur ?

Quelles sont vos ambitions pour le futur ?

R Mon ambition est de me spécialiser dans … et ce poste correspond tout à fait au développement de ce projet.

R Je tiens essentiellement à faire carrière.

R Travailler dans un poste où je puisse, en même temps, m'épanouir et développer mes capacités dans l'intérêt de l'entreprise.

R Satisfaire vos clients.

À combien vous estimez-vous ?

À combien vous estimez-vous ?

R Puisque vous pensez que je corresponds au poste, quelle est votre proposition ?

R Étant donné que je recherche plus une carrière qu'un job, je pense qu'il est préférable d'aborder ce sujet un peu plus tard.

R Merci d'aborder ce point. Auparavant, pouvez-vous me préciser…

R Pour moi, les 2 choses essentielles pour mon avenir professionnel sont : la fonction et les possibilités d'évoluer.

R Cela dépendra des différentes responsabilités du poste.

Que savez-vous de nous ?

Que savez-vous de nous ?

Citez les 3 choses que vous appréciez dans leurs produits. Parlez de leur image.

R Je sais que vous avez obtenu/décroché/réussi… (tel ou tel) résultat.

R Je suis venu en visite chez vous ; ayant apprécié le climat de votre entreprise, je reviens.

R La bonne réputation de votre société et la qualité de vos produits sont notoires.

Comment vous perfectionnez-vous ?

Comment vous perfectionnez-vous ?

R Je procède en 3 étapes :
- — une étude approfondie des revues professionnelles ;
- — une participation active à des conférences dans notre domaine ;
- — des cours de...

R Je me perfectionne en suivant des séminaires.

R Je lis des revues spécialisées.

R Je me tiens au courant des nouveautés techniques et les approfondis chaque fois qu'elles peuvent m'enrichir professionnellement.

Si vous étiez à ma place, quel salaire proposeriez-vous ?

Si vous étiez à ma place, quel salaire proposeriez-vous ?

R Je pense que le salaire sera fonction du poste et des responsabilités qu'il comporte.

R Votre question est intéressante. Pour moi, le salaire n'est pas un élément essentiel.

R Je pense qu'un salaire aligné sur ceux de votre entreprise me conviendra.

R Je pense que, si nous arrivons à nous mettre d'accord sur le périmètre précis de la fonction, nous nous mettrons d'accord sur le salaire.

Que pouvez-vous nous offrir ?

Que pouvez-vous nous offrir ?

Citez 3 qualités.
Citez 3 missions clés de la fonction que vous pouvez mener à bien.

R Une bonne connaissance de la concurrence pour avoir travaillé dans un secteur d'activités très proche du vôtre.

Qu'avez-vous réalisé à ce jour ?

Qu'avez-vous réalisé à ce jour ?

Donnez une synthèse de la dernière fonction que vous avez occupée.
Citez 3 réalisations :
— le lancement du produit XXX ;
— la réorganisation du département YYY ;
— le contrôle de la qualité de ZZZ.

R Des augmentations de gains, des diminutions de coûts et des évitements d'erreurs. Voulez-vous des exemples ? Souhaitez-vous que je vous en parle plus en détail ?

R D'un naturel fédérateur, mon passage dans diverses entreprises a été marqué par l'amélioration du climat social.

R Trois beaux enfants. Vous êtes peut-être père de famille ?

R Dans le domaine professionnel ou extra-professionnel ?

Quelle est la fourchette de salaire que vous visez ?

Quelle est la fourchette de salaire que vous visez ?

R Je souhaite que mon salaire reflète la valeur actuelle des gains futurs que je vous ferai réaliser.

R Je souhaite avoir, dans 3 à 5 ans, un salaire compris entre… et…

R Je vise une fourchette de… à… que nous pourrons resserrer dès que je posséderai plus d'informations sur le poste à pourvoir.

R Votre question est intéressante. Pour moi, l'essentiel est d'abord de bien se connaître.

R Ce que j'attends d'un emploi va bien au-delà du montant de mon salaire.

R Je souhaiterais, dans un premier temps, avoir plus d'informations sur le poste afin de mieux mesurer son impact sur la rentabilité de votre division/entreprise.

Pourquoi avez-vous démissionné de votre dernier emploi ?

Pourquoi avez-vous démissionné de votre dernier emploi ?

R Mon acquis professionnel ne peut plus être exploité dans mon groupe. J'aimerais faire fructifier l'expérience que j'ai acquise en l'appliquant à de nouveaux domaines/secteurs.

R J'ai toujours travaillé dans des emplois très stimulants/exigeants et je pressentais qu'il n'en serait plus de même dans les 2 ou 3 ans qui viennent.

R Pour des raisons budgétaires stratégiques, le département dont je fais partie va être totalement supprimé.

R On vient de m'offrir une promotion qui ne correspond pas tout à fait à mes aspirations.

Pourquoi avez-vous été licencié de votre job actuel/ dernier job ?

Pourquoi avez-vous été licencié de votre job actuel/ dernier job ?

R Ma société a mis en place un système sélectif pour ses licenciements.
Elle a choisi :
— les plus jeunes du service ;
— les derniers entrés dans le service/la société ;
— les employés n'ayant aucune charge de famille ;
— ceux qui avaient les plus gros salaires ;
— etc.

R Le projet (ou la mission) dont j'ai été responsable est arrivé(e) à terme ; je l'ai mené(e) à bon port.

R J'ai refusé une mutation pour laquelle mes compétences auraient été mal utilisées.

R Mon entreprise n'a pu m'offrir un poste correspondant aux ambitions de carrière auxquelles je prétendais.

R Ma division a été déplacée géographiquement. Or, il existe déjà un nombre important de personnes disponibles à ce nouvel emplacement.

Quelle est la chose que vous désirez le plus dans votre prochain emploi ?

Quelle est la chose que vous désirez le plus dans votre prochain emploi ?

Ne prenez pas de risques :
— limitez votre intervention à 20 ou 30 secondes et
— évitez les mots hésitants du type : « je pense », « il me semble », « je crois », « peut-être ».

Montrez votre détermination.
Reprenez 1 à 3 points clés du cahier des charges de la fonction (description de fonction).
Répondez rapidement puis changez de sujet.

R Devenir responsable et vous apporter une vraie valeur ajoutée.
R Le plaisir de pouvoir donner libre cours à ma créativité.
R Vous donner satisfaction.
R Un travail d'équipe qui me laisse néanmoins la possibilité de prendre des initiatives personnelles.

Que recherchez-vous ?

Que recherchez-vous ?

Évitez de répondre. Glissez sur le thème que vous aimeriez couvrir.

R J'ai été chargé par un cabinet de faire une enquête de faisabilité dans le cadre de sa diversification. C'est pourquoi j'ai choisi 5 entreprises, dont la vôtre.

R Je travaille dans un domaine parallèle à... (citez le thème de votre visite).

R Je viens vous voir pour échanger/valider un projet dans le domaine du... (citez le thème de votre visite).

R Je me passionne/m'intéresse à... (citez le thème de votre visite).

R J'aimerais échanger quelques idées avec vous

R Je suis à un carrefour et l'un des projets que j'envisage est... (citez le thème de votre recherche)... et c'est la raison pour laquelle j'aimerais recueillir votre point de vue à ce sujet.

Si vous aviez vous-même mené l'entretien, comment vous y seriez-vous pris ?

Si vous aviez vous-même mené l'entretien, comment vous y seriez-vous pris ?

R Ce poste me passionne vraiment et je me serais attaché à lui donner un titulaire compétent.

R Certainement autrement puisque nous sommes différents. Cela dit, j'ai beaucoup apprécié votre professionnalisme.

R Je l'aurais mené en… (précisez la langue étrangère : « anglais », « espagnol »…).

R J'aurais peut-être souligné certaines exigences : disponibilité, bonne humeur…

Comment avez-vous trouvé ma façon de mener l'entretien ?

Comment avez-vous trouvé ma façon de mener l'entretien ?

Résumez les 3 points clés de l'entretien et confirmez votre intérêt.
Restez quelques secondes silencieux, souriez et dites « bonne » ou « cela m'a plu ».

R À la fois très technique et très chaleureuse.
R Très bien.
R Très bonne. Le poste est pour moi très clair et attirant. Vous m'avez également donné suffisamment de temps pour m'exprimer. Comment poursuit-on ?
R Excellente. Je pense que maintenant vous déciderez pour le mieux. Souriez et restez silencieux.
R Je vous remercie et j'ai beaucoup apprécié notre échange.
R Très bien. Puis enchaînez avec une question : « Quelle suite donnerons-nous à cet entretien ? »
R Professionnelle !

Quel a été votre échec le plus pénible ?

Quel a été votre échec le plus pénible ?

Trois conseils :
— n'utilisez jamais le mot « échec » ;
— limitez votre temps de parole à moins de 20 secondes ;
— terminez votre intervention par une question en changeant de sujet.

R Il a eu lieu dans le domaine extra-professionnel et a beaucoup contribué au développement de mes capacités de résistance…
R Je prévois systématiquement une solution de repli pour ce que j'entreprends. De ce fait, j'ai toujours une parade aux difficultés.
R Votre question vient un peu tôt dans ma carrière.
R Je ne me souviens pas d'un cas particulier car j'essaye toujours d'en tirer un enseignement…

Vous avez maintenant 3 propositions fermes d'embauche (dont la nôtre), laquelle choisissez-vous ?

Vous avez maintenant 3 propositions fermes d'embauche (dont la nôtre). Laquelle choisissez-vous ?

R J'accepte la vôtre avec enthousiasme.
R Des 3, c'est la vôtre que je place en tête.
R Ma décision est prise à 90 % en votre faveur. Laissez-moi 48 heures pour vous la confirmer.
R Dans votre organisation, 2 points sont très positifs (...... et ......). Donnez-moi 48 heures pour vous confirmer ma décision.

Quelle a été votre pire journée et comment vous en êtes-vous sorti ?

Quelle a été votre pire journée et comment vous en êtes-vous sorti ?

Citez, soit un exemple tiré de votre passé professionnel, soit un mauvais souvenir personnel.

R Qu'entendez-vous par là ? Me posez-vous cette question sur le plan professionnel ou extra-professionnel ?

R Mon désir de très bien faire me laisse parfois déçu par certaines journées. Le recul me permet de modifier ma vision.

R Êtes-vous marié(e) ?

R Je ne retiens que les bonnes journées.

R Je traite les points les uns après les autres en retenant le positif.

R J'ai lutté une journée entière pour obtenir un rendez-vous.

R J'ai été bloqué durant 5 heures sans rien faire dans ma voiture.

R Quand ? Il y a 3 mois, 1 an ou 10 ans ?

Vous donne-t-on un surnom ?

Vous donne-t-on un surnom ?

R Oui (citez le surnom).
R Pas à ma connaissance.
R Mon nom est facile à retenir, de ce fait je n'ai pas de surnom.
R Je n'en ai pas. Aimez-vous donner des surnoms ?
R Mes amis m'appellent « Picasso »... « Modigliani »... « Léonardo »...

Si je vous faisais une proposition ferme d'embauche, que me répondriez-vous ?

Si je vous faisais une proposition ferme d'embauche, que me répondriez-vous ?

R Je serais ravi d'en discuter. Mais auparavant, pouvez-vous me préciser…

R Je vous demanderais un bref délai de réflexion.

R J'en serais ravi et je pense que nous pourrions facilement nous mettre d'accord sur les détails.

R Je vous remercie pour votre confiance et saurai la justifier.

Quelles sont pour vous les conditions de travail idéales ?

Quelles sont pour vous les conditions de travail idéales ?

Citez-en 2 ou 3.

R Qu'entendez-vous par idéales ?
R Souhaitez-vous que je vous donne mon point de vue sur des conditions précises ou sur un aspect plus global des choses ?
R Puis-je, dans un premier temps, connaître le cahier des charges précis du poste ?

Alors ?

Alors ?

Entame « prudente et polie »

R Je vous remercie de me recevoir et de me consacrer 20 minutes.

R Merci pour la lettre que vous m'avez fait parvenir ; j'ai été très sensible à son ton chaleureux.

Entame « prise d'initiative prudente »

R Souhaitez-vous que je vous parle de moi ou préférez-vous me décrire le poste à pourvoir ?

R J'ai répondu à votre annonce et j'aurais aimé en particulier en savoir un peu plus sur votre organisation et le poste à pourvoir.

Entame « prise d'initiative soutenue »

R Votre présentation publique, à laquelle j'ai assisté, m'inspire 2 questions. La première…

R Bonjour Madame/Monsieur, merci de me recevoir ! Avant de commencer puis-je vous poser une question ? Quels sont les éléments qui, dans ma lettre, vous ont donné envie de me recevoir ?

Êtes-vous honnête ?

Êtes-vous honnête ?

R Je donne toujours le maximum de moi-même.
R C'est l'un de mes principaux traits de caractère.
R En douteriez-vous ?
R La question est brutale, mais je ne m'en formaliserai pas.

Recherchez-vous un contrat à durée déterminée ou un contrat à durée indéterminée ?

Recherchez-vous un contrat à durée déterminée ou un contrat à durée indéterminée ?

R Que proposez-vous ?

R Avant de négocier les formes d'un éventuel contrat, je souhaiterais déterminer plus concrètement les termes de notre collaboration (besoins, services, tâches...).

R Je recherche avant tout un poste intéressant ; le contrat vient après.

R Peu importe la forme juridique ! Je suis très ouvert.

R Qu'avez-vous prévu ?

R Je n'ai pas encore décidé du type de lien que je souhaite établir ; je suis ouvert à toute formule : salariat, mission, mandat...

Qu'attendez-vous de nous ?

Qu'attendez-vous de nous ?

R Que vous m'offriez la possibilité de vous donner des preuves concrètes de mon enthousiasme et de mon efficacité.

R Une proposition ferme d'embauche.

R De bonnes conditions de collaboration : donner beaucoup et recevoir tout autant.

R Un terrain pour utiliser mes compétences.

R La contrepartie de ce que vous attendez de moi.

Quel est le type de décision que vous aimez le moins prendre ?

Quel est le type de décision que vous aimez le moins prendre ?

R Plus jeune, moins expérimenté… Je n'aimais pas dire non et j'ai découvert que c'est une condition *sine qua non* de l'efficacité.

R D'avoir à choisir entre deux personnes toutes deux enthousiastes et compétentes.

R Dans quel domaine ?

R Faire une recommandation stratégique délicate à ma hiérarchie.

Avec quel type de personnes ne vous entendez-vous pas ?

Avec quel type de personnes ne vous entendez-vous pas ?

R Je suis souple et je m'adapte mais j'aime autant ne pas avoir affaire à des personnes butées.

R Le malentendu a pour source le manque de communication. En ce qui me concerne, je m'efforce de tenir mes collaborateurs au courant de tout ce qui peut les intéresser.

R J'élimine toujours les sources de malentendus.

R J'adore travailler avec des gens transparents.

Votre passé est-il en conformité avec vos valeurs ?

Votre passé est-il en conformité avec vos valeurs ?

R Je m'endors la conscience tranquille.
R Oui, car je suis cohérent avec moi-même.
R Mon futur est sur la même ligne que mon passé !

Accepteriez-vous, pendant une phase de formation de 6 à 10 mois, une réduction de salaire de 50 % ?

Accepteriez-vous, pendant une phase de formation de 6 à 10 mois, une réduction de salaire de 50 % ?

R Pouvez-vous me décrire cette formation ?

R Faites-vous cette proposition à tous vos candidats ?

R L'idée de me perfectionner et d'accéder à de nouvelles techniques me plaît énormément. Pouvez-vous me parler de cette formation ?

R Ce job me plaît beaucoup. Pouvons-nous revenir sur ce point plus tard ?

R Quelles perspectives m'ouvrira cette formation ?

Qu'est-ce qui vous a décidé à nous écrire ?

Qu'est-ce qui vous a décidé à nous écrire ?

Vous pouvez :
— citer une réalisation récente de la société ;
— évoquer une performance à son actif ;
— reprendre, en le commentant, un paragraphe de votre lettre de candidature.
ou répondre plus directement :

R J'ai décidé d'offrir mes services à une société de votre branche. J'ai donc contacté 3 entreprises, dont la vôtre.
R La réputation de votre entreprise.
R Le type de clientèle que vous servez.
R Je faisais le même métier dans un secteur proche du vôtre.
R Une personne qui a fait l'éloge de votre société.
R L'intérêt que j'ai pour votre entreprise.
R Cela fait plusieurs années que je me proposais de le faire.
R Deux personnes m'ont décidé à vous écrire.

Quels sont vos défauts et vos qualités (points forts/points faibles) ?

Quels sont vos défauts et vos qualités (points forts/points faibles) ?

Passez moins d'une minute à répondre, puis changez de sujet en posant une question dans un domaine très différent.
Limitez-vous à mentionner 3 points forts ; puis dites que vous avez les défauts de vos qualités.
Indiquez un point fort, puis un faible, puis un fort, puis un faible, puis un fort...
Indiquez 3 points forts, puis 3 points faibles.

R Permettez-moi plutôt de vous préciser mes principales caractéristiques... (citez alors 3 traits de caractère positifs).
R Plutôt que de citer mes qualités et mes défauts, j'aimerais vous présenter 2 réalisations très révélatrices de mes points forts.
R Je suis en quelque sorte un obstiné ; lorsque je me fixe un objectif, je ne m'arrête pas avant de l'avoir atteint.
R Mon principal défaut est d'être très exigeant avec les autres ; mais je le suis aussi avec moi-même.

Avez-vous contacté d'autres entreprises ?

Avez-vous contacté d'autres entreprises ?

R Ce poste correspond exactement à ce que je souhaite faire. Je ne pense pas qu'une autre entreprise puisse me l'offrir.
R Oui.
R Oui : deux à ce jour.
R Oui : les Établissements AAA et la Société BBB.

Comment jugez-vous votre dernier employeur ?

Comment jugez-vous votre dernier employeur ?

R Mon dernier employeur était un grand professionnel.

R Nous nous sommes quittés en très bons termes. J'avais avec lui un contrat à durée déterminée.

R Il était très compétent et sympathique. Il m'a beaucoup appris.

R J'ai entretenu avec lui d'excellents rapports professionnels et relationnels.

R À quel niveau ? Professionnel ou relationnel ?

R Il est très bien.

R Il est efficace.

Que répondriez-vous si je vous disais que votre prestation en entretien n'a pas été très bonne ?

Que répondriez-vous si je vous disais que votre prestation en entretien n'a pas été très bonne ?

R Est-ce un constat ou une question piège ?

R Avez-vous décelé une faiblesse dans mes attitudes ou dans ma prestation verbale ?

R Que j'ai des progrès à faire ! Néanmoins, cela ne nuit pas à l'intérêt que je porte à ce poste.

R Pouvez-vous me préciser les points que je dois améliorer ?

R C'est possible. L'important c'est que je sois très efficace dans le poste à pourvoir.

R Je pense que ce poste est vraiment fait pour moi. L'enjeu est important, j'ai été un peu ému.

R Je l'accepterais et en tirerais parti.

Où en êtes-vous dans votre campagne de recherche d'emploi ?

Où en êtes-vous dans votre campagne de recherche d'emploi ?

Vous êtes en début de campagne.

R Je suis optimiste. La première phase de ma campagne m'a permis de me préparer à fond, de recueillir beaucoup d'informations pour être plus efficace. Je viens de lancer la deuxième phase : la prospection. Ca marche bien, la preuve… je suis dans votre bureau…

Vos négociations sont avancées.

R Ça marche bien ! Je suis en contact avec 4 entreprises (si je compte la vôtre). La négociation est très avancée avec 2 d'entre elles…

Vous avez des propositions fermes d'embauche.

R Ça marche bien ! J'ai reçu 2 propositions fermes d'embauche. Je vais être confronté à l'épineux problème du choix…

Quel genre de rapports entretenez-vous avec vos collègues ?

Quel genre de rapports entretenez-vous avec vos collègues ?

R Excellents. D'ailleurs je ne pourrais pas fonctionner sans une certaine dose de confiance réciproque.

R D'excellents rapports : de l'harmonie et de la sympathie.

R Francs et cordiaux.

R J'ai toujours eu la chance d'avoir de très bon rapports avec mes collègues et de travailler au sein d'excellentes équipes.

R J'ai toujours fonctionné seul. Mes collègues étaient mon patron, mes clients et les fournisseurs. Les rapports étaient francs et cordiaux.

Dans la même collection

101 Secrets pour bien négocier son salaire… ou une augmentation
Daniel Porot

Du même auteur

Réussir sa lettre de motivation
coll. 100 conseils de pros
Groupe Express Éditions

Réussir ses entretiens d'embauche
coll. 100 conseils de pros
Groupe Express Éditions

Comment trouver une situation
Daniel Porot
Groupe Express Éditions

GROUPE EXPRESS éditions

Groupe Express Éditions
14, boulevard Poissonnière
75308 Paris Cedex 09

Directeur de collection
Stéphane Chabenat

Maquette, Mise en page
Darantiere

Couverture
Philippe Marchand / OLO

Achevé d'imprimer en septembre 2005
par l'Imprimerie Darantiere
à Dijon-Quetigny
France

Dépôt légal : août 2004
N° d'impression : 25-1099

ISBN : 2-84343-240-5